AF357029

RÉPONSE

AUX OBSERVATIONS

D'UN HABITANT DES COLONIES,

Sur le Mémoire en faveur des Gens de couleur, ou sang-mêlés, de Saint-Domingue, & des autres Isles françoises de l'Amérique, adressé à l'Assemblée Nationale, par M. Grégoire, Curé d'Emberménil, Député de Lorraine.

Par M. l'Abbé de Cournand.

RÉPONSE

AUX OBSERVATIONS

D'UN HABITANT DES COLONIES.

J'AI défendu les gens de couleur ; j'ai attiré pendant quelques momens les regards de l'Af-femblée Nationale fur les oppreffions dont ils gémif-foient. Une voix plus éloquente que la mienne s'eft élevée : M. Grégoire, Curé d'Emberménil, Dé-puté de Lorraine, s'eft déclaré le protecteur de cette caufe intéreffante. Son Mémoire, rempli de faits auffi vrais que fes raifonnemens font folides & concluans, eft attaqué aujourd'hui par un anonyme. Son adverfaire fe dit habitant des Colonies : il vife à être gai dans un fujet où il s'agit de favoir fi des hommes libres jouiront de leur liberté, ou continueront d'être accablés des humiliations de l'efclavage. L'Anonyme a fans doute bon cœur de trouver le mot pour rire à la fituation de quarante mille individus, qui regardent leur état actuel comme le plus grand des malheurs. Il se permet d'outrager dans M. Grégoire un nom cher à la Nation, une vertu connue, & des talens dignes des plus grands éloges. Je rendrai à l'Anonyme ses insultes ; on ne doit rien à qui ne respecte rien. Je ne m'embarquerai point dans la discussion des faits qu'il dénie avec une insigne mauvaise foi, & une impudence bien digne de lui. J'en croirai bien plutôt le témoignage unanime des opprimés que l'insolence de leur ennemi. Il a pris la plume pour calomnier ; je m'en saisirai pour le confondre.

Est-il vrai que les gens de couleur ou sang-mêlés soient vexés dans nos colonies, qu'ils y soient en butte aux mépris des blancs, & quelquefois à leurs outrages ? Ce fait n'est pas douteux ; les blancs de bonne-foi en conviennent ; ceux qui ont de l'humanité desirent qu'on rende aux hommes libres de cette classe les droits de citoyens, qui leur sont assurés par nos anciennes loix. Il est des gens qui nient ces oppressions ; mais est-il vraisemblable que tant de faits consignés en tant de Mémoires, soient faux ? Est-il croyable qu'une classe si nombreuse d'hommes libres se plaigne, s'indigne pour des offenses imaginaires ? A qui voudroit-on le persuader ? Hélas ! il n'est que trop vrai que les torts sont réels, les réclamations juftes , & les efforts que l'on fait pour les étouffer, un nouvel outrage. L'anonyme aura de la peine à fe tirer de-là ; il a beau faire l'agréable aux dépens des gens de couleur, rien n'eft moins plaifant que ce qu'ils fouffrent ; & fi M. l'habitant des colonies avoit tant foit peu d'humanité, il n'employeroit pas fes beaux talens à réfuter des gémiffemens par des railleries, & des griefs douloureux par des farcafmes.

A-t-il daigné s'attendrir une feule fois fur le fort des gens de couleur? Il lui paroît très-naturel qu'ils foient malheureux ; il n'a garde de rien propofer qui tende à améliorer leur fituation. Il fe retranche dans le préjugé, comme dans un fort d'où il croit braver impunément, & les plaintes des gens de couleur, & les raifons de leurs défenfeurs, dont il ofe faire infolemment le fujet de fes railleries.

Nos loix avoient marqué, il y a plus d'un fiécle, la nature de la liberté accordée aux gens de couleur dans nos colonies, égale en tout à celle des blancs. Des réglemens vicieux, des vexations habituelles ont reftreint tantôt plus, tantôt moins, ce bienfait précieux auquel, ni les loix, ni les bienfaiteurs n'avoient prefcrit de limites. Des nouveaux-venus, des Jurifconfultes barbares, ont anéanti ou affoibli les difpofitions de ces loix humaines. Aujourd'hui encore l'oppreſſion trouve des apologiſtes ; tel eſt l'anonyme. On peut juger de ſa raiſon, par la maniere dont il arrange les faits ; & de ſon cœur, par l'eſprit qui regne dans ſon écrit.

Tous les honnêtes-gens deſirent que les hommes de couleur, libres, rentrent dans leurs droits; lui, il ne s'étonne ni de la durée du préjugé, ni il n'indique le moyen de le faire finir ; il le regarde preſque comme une choſe néceſſaire. Il ne penſe point ſur ce ſujet comme un aſſez grand nombre de propriétaires, diſtingués par le rang qu'ils occupent dans la ſociété, & par la fortune dont ils jouiſſent. Sa maniere de voir & de ſenir le jette dans la claſſe brutale de ces régions, parmi ces aventuriers, qui n'ayant ni feu ni lieu en Europe, vont porter en Amérique la baſſeſſe de leurs mœurs, & ſe croyent autoriſés par le préjugé à inſulter les naturels du pays. Ce ſont eux qui déshonorent véritablement le nom Américain aux yeux des ames ſenſibles. Celui - ci le flétrit encore davantage par ſa lâcheté ; il ſe cache de ſon Mémoire comme d'un mauvais coup, & ſoutient la cauſe de l'oppreſſion avec une plume d'eſclave.

Malheureux ! qui es-tu ? où as-tu pris ce ton d'ironie que tu te permets envers le digne Curé d'Emberménil ! Ne fais-tu pas que le plus grand crime qu'un homme puiffe commettre contre la fociété, c'eft de chercher à tourner la vertu en ridicule ? Tu as l'audace de ricaner, en prononçant le nom de ce courageux défenfeur de l'humanité ! Ta plume coupable ne refpecte pas même les morts illuftres dont il rappelle la mémoire ! Scélérat ! tu imputes au vertueux las Cafas d'avoir confeillé de prendre des nègres pour culriver l'Amérique ! Dis-nous qui t'a fourni cette anecdote infernale ? Ah ! penfe ce que tu voudras des bourreaux du genre-humain ; mais laiffe-nous notre Culte pour ce bienfaiteur de l'humanité ; fa vertu eft à l'abri de tes calomnies, comme le Curé Grégoire de tes menfonges.

Que prétends-tu par tes fades railleries fur ce nom de Curé & de Prêtre ? Ne ferois-tu point gêné par le courage que ces qualités donnent quelquefois ? Tu parois furpris qu'un fimple Curé de Lorraine porte un œil curieux fur vos riches Habitations, & qu'il aille jufqu'à la fource de ces richeffes. Tu ne conçois pas les devoirs d'un Miniftre de paix ; tu ne fens pas la nobleffe de fon caractere. Tu devrois au moins refpecter la dignité éminente dont il eft revêtu, celle de Répréfentant de la Nation ; je te parlerois de fon ame, fi tu pouvois l'apprécier, & de fa raifon, fi la tienne pouvoit y atteindre.

A 4

J'ai lû tes Obſervations avec le ſcandale d'un homme de bien, & dès ce moment, j'ai pris le parti de te communiquer les miennes. Je t'ai jugé dur & méchant ; il y paroît par ton ſtyle froidement compaſſé pour juſtifier les crimes de l'Amérique. Tu ne donnes pas le moindre ſigne de compaſſion aux maux dont tu as été le témoin ; tu applaudis aux mauvaiſes mœurs, comme ſi ton pays n'étoit pas ſuſceptible d'en avoir d'autres. Tu regardes la tyrannie comme une choſe naturelle. Félicite-toi de tes Obſervations ; elles auroient promis au déſpotiſme un ſuppôt de plus. Elles te dénonceront à la poſtérité comme un calomniateur de l'eſpèce humaine. Mais je te renvoie trop loin : avec tes talens, que peux-tu attendre d'elle ? Que peut attendre de toi le Peuple libre à qui tu préſentes de pareils principes ?

Oſe retourner en Amérique avec ton écrit : Aſſemble les Gens de Couleur pour leur lire ce que t'a dicté contr'eux ton humeur railleuſe & inſolente. Ils te croiront un monſtre ſorti des enfers pour éterniſer ſur leur tête la malédiction des ſiecles. Tu ſeras témoin de leur friſſonnement & de leurs ſanglots ; mais, tu n'en ſeras point touché. Je te devine à ton ſtyle ; tu es barbare avec réflexion, & tu triomphes dans ton ame de les ſavoir malheureux. De quel air de ſupériorité tu

infultes à ce Raymond, l'un de leurs plus intré-
pides défenfeurs! Ta plus douce jouiffance feroit
peut-être d'avoir contribué à prolonger leurs mi-
fère; mais défefpére-toi : leur caufe eft trop bonne
pour craindre tes coups, & la juftice éternelle
confpire avec leurs défenfeurs contre ta lâche
perverfité.

Ce n'eft point par des projets criminels qu'ils
veulent réuffir ; tu leur prêtes ton ame en leur
fuppofant des deffeins coupables. Hélas! fi leur
zele les avoit emportés au-delà des bornes, leur
enthoufiafme feroit pardonnable; il eft fi naturel
de s'échauffer pour les intérêts de l'humanité! Tu
ne connois pas ces mouvemens de la vertu, auffi
tu les calomnies; mais à qui perfuaderas-tu que le
bon droit eft de ton côté, lorfque tu combats avec
des préjugés contre les plus faintes loix, & contre
des faits avérés avec des fophifnes ?

J'avois formé le projet de répondre pied à pied
à tes Obfervations ; mais ma vertu s'eft indignée
d'une tâche qui m'eût été facile (1), fi j'avois eu
à ramener une ame droite & honnête. Je me fuis
dit à moi-même : qu'ai-je à faire de fuivre ce
méchant dans le tortueux dédale où il s'embar-

____

(1) Je me fuis ravifé, & j'ai fuivi en effet pied à pied,
l'Anonyme dans les notes portées à la fin de cet ouvrage.

raffe ? Non, il y auroit trop de honte à réfuter ses menfonges qui le perdront en fe détruifant d'eux-mêmes.

Le moment eft venu de ne plus garder de ménagemens avec ces hommes affreux qui fe jouent de l'humanité fouffrante, & ofent afficher hautement le mépris qu'ils ont pour elle. Que nous ferviroit d'être libres, fi nous craignions de fentir & de communiquer aux autres l'indignation de la vertu ? Aurions-nous rompu nos chaînes pour voir indifféremment les méchans attrouper la foule autour de leurs fauffes doctrines ? Eh ! quand l'oppreffion eft leur droit public, notre devoir n'eft-il pas d'invoquer contr'eux l'opinion publique ?

Gardons-nous de ces écrits anonymes qui calomnient notre liberté, en attaquant fourdement celle de nos freres. Eftimons-nous heureux d'appeller de ce nom *les fang-mêlés* ; nous n'avons pas les préjugés de l'*habitant obfervateur* ; mais nous avons ces fentimens d'humanité qui valent bien mieux, & les ames dignes de nous imiter, *nous entendent à merveille*.

Ne nous en rapportons pas non plus à l'Anonyme fur le chapitre des mœurs. Écoutons ce que dit ce légiflateur d'un genre nouveau fur le honteux concubinage des Colonies.

» Ce commerce illégitime, qui offenfe les

» mœurs & la Religion (*il va rougir de cet aveu*)
» est un mal nécessaire dans les Colonies, où les
» femmes sont en petit nombre, & où les mariages
» ne peuvent être nombreux. Il prévient de plus
» grands vices. Les foibleſſes des maîtres les ap-
» privoiſent, & l'eſclavage est adouci. La popu-
» lation, y gagne, (*quelle population, grand Dieu!*)
» parce que c'est moins le libertinage que le beſoin,
» qui préſide à ces unions illicites ; la chaleur du cli-
» mat, qui irrite les deſirs , & la facilité de les
» ſatisfaire , rendent inutiles les précautions du
» légiſlateur, pour remédier à ces abus, parce que la
» loi ſe tait où la nature parle impérieuſement.»
Voilà un échantillon de ſes principes moraux.
Il ſacrifie , comme on voit , l'honnêteté des
mœurs au préjugé qui défend les méſalliances. Il
ne ſe ſouvient plus des anciennes loix qui avoient
voulu arrêter cette corruption ; & de l'abus des
ſens, il en fait un code réglementaire pour l'Amérique. Eh ! qui empêche que les mariages ne ſoient
plus nombreux ? Celui qui n'a pas eu honte de
corrompre une fille de couleur , rougira donc de
légitimer ſes enfans par le mariage , & augmen-
tera ſans remords, les vices d'une population mal-
heureuſe? O terre maudite du ciel, malgré toutes tes
richeſſes ! continue d'écouter de pareils Inſtituteurs.
Et toi , pauvre Nation qu'on inſulte par de tels

écrits, ose leur donner ton suffrage, & flatte-toi d'une régénération. Mon ame s'étonne de l'immoralité de l'impudent Anonyme ; mais à la maniere dont il juge le Curé Grégoire, je vois d'ici qu'il s'étonnera de ma réflexion.

Il veut paroître léger, & il n'est que lourd ; ses plaisanteries sont d'un mauvais ton, & sa fierté est de l'insolence. On le prendroit pour un de ces Ecrivains à gage, que les méchans payent pour outrager leurs ennemis, & qu'on méprise à proportion de la bassesse du rôle où le vil intérêt les fait descendre. Quel autre motif peut l'avoir engagé à insulter grossiérement un vrai habitant de nos Colonies, un citoyen distingué par son caractére moral, & qu'il traite bassement du *nommé Raymond*, comme si les oreilles françoises étoient faites à ces appellations insolentes? M. Raymond, avantageusement connu à Saint-Domingue, estimé en Europe, & au moment de voir les hommes libres de sa classe, rentrer par ses soins dans tous les droits de citoyens, a l'ame trop noble, pour sentir une insulte qui ne déshonore que l'Anonyme. Il se nomme, lui, & l'autre se cache derriere un rideau épais, d'où il lui décoche bravement ses coups. Mais M. Raymond a-t-il jamais pris contre personne le ton de l'insulte & de la vengeance ? Peut-on lui repro-

cher des obfervations du genre de celles de l'A-
nonyme ? O efclave ! plus efclave cent fois que
ceux dont tu accufes calomnieufement cet honnête
Américain d'être defcendu ; je te défie de te me-
furer de principes avec lui , & de mettre dans tes
écrits la même fageffe , le même bon fens qui
brille dans les fiens ; tu les lui conteftes avec fon
honnêteté ordinaire ; tu donnes à entendre fauf-
fement , que d'autres lui ont prêté leur plume ;
mais s'il fe fût adreffé à toi pour défendre fes
droits , quel fervice auroit - il pu efpérer de la
tienne ? Tu ne te ferois pas excufé fur ta qualité
d'Américain ; ils font loin la plupart de te reffem-
bler ; mais fur la froideur de ton ame pour de pareils intérêts. Et ne crois pas que je te calomnie :
montre-moi une feule ligne dans tes obfervations,
qui annonce une ame fenfible : je t'en montrerai
cent qui décélent une ame cruelle !

O le plus barbare des hommes ! tu faifis le
moment où des malheureux follicitent ce que la
loi ne peut leur refufer , pour leur enfoncer le
poignard dans le cœur ! Tu tourmentes leur liberté
par des railleries , & tu tâches d'être plaifant , lorfque tes femblables s'agitent fous le poids de
leurs longues tribulations ! Eft-ce ainfi que tu
acquittes la dette de ton pays envers tes compa-

triotes que tu as vu naître, qui habitoient le même fol que toi, dont les uns font peut-être tes freres, & les autres tes enfans; car les priviléges de vos climats donnent une grande extenfion à vos familles. Ces infortunés que tu perfiffles fi cruellement dans le cours de 68 mortelles pages, que t'ont - ils fait ? par quel crime ont-ils mérité cette diatribe faftidieufe ? Tu vas fouiller dans les Greffes des Colonies pour prouver qu'il y a eu des coupables parmi eux ; le moment eft bien choifi, fi tu veux être leur bourreau & celui de leur poftérité, en reculant l'inftant où ils feront proclamés libres par l'augufte Affemblée qui ne fera que déclarer ce qu'ils font déjà. Mais faudra-t-il, avant ce moment, qu'ils dévorent l'ennui de ton écrit, qu'ils en favourent lentement toute l'amertume ? Les voilà déshérités à jamais de leurs juftes prétentions, fi l'Affemblée confacre les tiennes. Mais ici le doute feroit une injure ; ceux qui jugeront cette belle caufe, font humains comme la nature; & impaffibles comme la loi.

A qui as-tu voulu plaire ? Choifis entre le peuple des colonies, & les riches des mêmes contrées. Les uns te regarderont comme un lâche ennemi qui prend fes avantages pour les outrager ; les autres, s'ils ont de l'humanité,

te mépriferont; il n'eft pas d'une ame noble
d'infulter à des efclaves , ou à des hommes que
l'on croit tels.

Aurois-tu adopté pour ton compte la maxime
des Romains?

Parcere fujectis , & debellare fuperbos.

Mais ici où font les fuperbes, fi ce n'eft toi?
Je doute que ton écrit te faffe beaucoup de
conquêtes; ni les hommes, ni les femmes de
notre nation ne s'accommoderont de tes airs de
fuffifance. Nous voulons plus de prévenance dans
les manieres, plus de franchife dans les mœurs;
c'eft tout ce qui manque à ta perfonne , fi elle
eft calquée fur ton ftyle. Je te parle librement ,
comme tu vois ; fuppofe que c'eft un mulâtre
qui répond à tes gentilleffes ; il faut que la
poftérité fache qu'un écrit où ils font fi bien
traités , n'eft pas abfolument refté fans réponfe.

Le curé Grégoire , le nommé Raymond ,
& l'avocat Joli que tu ne nommes pas , & ce
M. Clarkfon dont tu fais un homme très-vain ,
parce que tu l'es peut-être toi-même , & les
comités, & les petits maîtres, & les femmes à
vapeurs , tout eft faupoudré du fel de tes plaifanteries. Il faut efpérer que j'aurai mon tour; tu
as, je l'imagine, des plaifanteries de toutes les
couleurs, pour me fervir d'une de tes plus jolies

expreffions que tu appliques aux femmes. Je
t'attends pour ce moment-là, & je te prie de te
nommer : il y va de ta gloire de ne pas te renfer-
mer toujours fous l'enveloppe modefte de l'Anonyme. Le grand homme ne rifque rien de fe mon-
trer à découvert, fur-tout lorfqu'il étale les grands
principes d'adminiftration, & qu'il les met en
contrafte avec les droits imprefcriptibles de l'homme. Je fuis curieux de voir comment tu te tireras
de la déclaration des droits, en l'appliquant à la
caufe que tu défends. C'eft un défi qu'on t'a fait,
& tu n'y as pas répondu. Pardonne à la liberté de
mon ftyle ; la révolution m'a un peu gâté ; j'ai ap-
pris à tutoyer en me trouvant quelquefois avec
des mulâtres ; je te parle la langue du pays ; tu
m'entendras fans doute, puifque tu parois en
avoir fi bien confervé les mœurs. Cependant
on m'affure que les principes commencent à
changer, & alors il faudra que tu faffes une autre
Brochure pour corriger les bévues & les ab-
furdités innombrables de celle que j'attaque. En
attendant, je te confeille d'être un peu plus cir-
confpect à l'avenir, & d'appofer ta fignature à tes
livres, pour t'épargner de rudes leçons. Un Anonyme qui infulte le bon fens & les perfonnes, ne
mérite point de grace, & je me charge, de gré à
gré, d'une commiffion dont les Américains s'ac-
quitteroient encore mieux que moi.

Suivent

*Suivent les bévues de l'Anonyme , dans ses
Observations sur le Mémoire de M. GRÉGOIRE.*

L'ANONYME débute par sortir de la question ,
(*page 1ere*). Il ne s'agit pas ici du panégyrique
des gens de couleur, mais de leurs droits incon-
testables. La mauvaise foi cherche à éluder la dif-
ficulté ; la raison l'y ramene avec sa force invin-
cible.

Les injures de l'Anonyme, répandues çà & là
dans son écrit, prouvent d'abord la foiblesse de
sa cause ; mais elles méritent une petite observa-
tion. Si l'Auteur est homme de lettres, pourquoi
se cache-t-il ? Qui le devinera dans les huit lettres
de l'alphabet qui terminent sa diatribe ? Qui cher-
chera à le deviner , après l'avoir lu ? L'honneur
demande, ce semble, que l'on se nomme , quand
on défend une bonne cause , & que l'on dit vrai.
Jugeons par les précautions clandestines de l'Auteur , & de sa cause, & de la foi qu'on doit à
son dire.

Ensuite , quoi de plus mal-adroit', que d'en-
glober dans ses épigrammes M. Clarkson, qu'il
regarde comme un fou ? Qui le croira , lorsqu'il

s'engage à prouver que cet Auteur avance encore
plus de fauſſetés que M. l'Abbé Grégoire, ſur-
tout après avoir lu ces notes qui lui donnnent le
démenti le plus formel ? Il s'acharne contre la
ſociété des amis des noirs, dans laquelle on trouve
les noms les plus reſpectables ; tout ce qui penſe
avec humanité, tente la griffe crochue de l'obſervateur. Mais qu'il prouve, avant tout, que les
mulâtres ſont inadmiſſibles aux avantages de la
ſociété ; & qu'il ne taxe plus de fanatiſme leur
défenſeur, en diſant, méchamment, qu'il aiguiſe
les poignards, dans un ouvrage conſacré à l'humanité, & qui en reſpire les plus doux ſentimens.
L'attrocité de l'inculpation retombe ſur ſon auteur ; c'eſt en cela qu'il eſt auſſi faux que méchant :
à moins qu'il ne croye que le menſonge eſt néceſſaire à ſa méchanceté, & que ſon écrit a beſoin de ce double paſſe-port.

Il accuſe M. Grégoire d'avoir imprimé ſon avis,
étant membre du Comité de vérification. Ce n'eſt
pas ici un fait particulier, mais une queſtion de
droit public qu'on agitoit dans l'aſſemblée, & elle
n'avoit pas défendu aux membres du Comité d'im-
primer ſur les queſtions de droit public ; elle ne
pouvoit le défendre. D'ailleurs, les Membres du
Comité ne jugent pas, ils donnent leur avis, &
on en fait le rapport à l'Aſſemblée Nationale : que

veut donc dire l'Anonyme, par ce reproche insi-
gnifiant ?

Il accufe M. Grégoire d'avoir été copifte des
Mémoires de M. Raymond. Il ne les a pas cités ;
car on ne cite que pour mettre à portée de vérifier. Mais eft-il défendu de confulter des mémoires ? Et, les eût-on copiés, qu'eft-ce que cela
fait à une caufe ? Elle eft bonne ou mauvaife,
voilà à quoi il faut s'en tenir. Mais il eft de toute
fauffeté que M. l'Abbé Grégoire ait été plagiaire ;
l'Anonyme eft un impudent de l'en accufer ; qu'il
fe nomme, & qu'il juftifie fon affertion aux yeux
du public, en attendant, on le déclare fourbe &
impofteur.

(*Page* 4.) L'Anonyme ne peut pas ignorer que
des perfonnes de couleur n'ayent eu des arrêts qui
les déclaroient blancs ; alors on pouvoit les appeller blancs ; ils l'étoient au phyfique, & la nature rend toujours de ces fortes d'arrêts à la troi-
fieme ou quatrieme génération ; mais le moral des
blancs fe refufe à leur enregiftrement. Lequel eft
plus raifonnable, de la Nature ou de ces Mef-
fieurs ?

(*Page* 4.) Les Maréchauffées exiftent dans la
plus grande & la premiere des colonies à St.-Do-
mingue. On ignore s'il y en a ou s'il n'y en a
pas dans les autres colonies. Qu'importe cela ?

Mais il eſt de fait, qu'à St.-Domingue, il n'y a que des perſonnes de couleur dans les Maréchauſ-fées, à l'exception de l'Exempt, dans la majeure partie des Paroiſſes, & du Brigadier, dans peut-être ſix Paroiſſes. Remarquez l'attention des blancs à ſe réſerver toujours les bonnes places.

Les mulâtres ſont ſi bien payés, que beaucoup d'Exempts leur retiennent & emportent leur ap-pointemens, & quand ils veulent ſe plaindre, les priſons ou les menaces les font taire.

L'Anonyme nous fait enviſager comme le bon-heur ſuprême pour eux d'aller à cheval. Cela ſeul prouve une horrible vexation, c'eſt de les en em-pêcher en d'autres circonſtances : eſt-il poſſible que l'on préſente de pareilles raiſons pour appuyer une ſi mauvaiſe cauſe ?

Quant aux captures, l'Officier blanc s'empare de tout, & fait la part qu'il juge à propos aux Cavaliers.

(*Page* 5.) L'Anonyme, faute de pouvoir ré-pondre, va chercher une tierce perſonne, qu'il ap-pelle le nommé Raymond. Eh bien ! ce nommé Raymond eſt habitant à Aquin, iſle St.-Domin-gue, propriétaire d'une habitation aſſez conſidéra-ble, plein de probité & de mœurs. Il a été élevé en France, ainſi que ſept de ſes freres & ſœurs, tous établis ici ou à St.-Domingue. L'hiſtorique

de M. Raymond eſt auſſi peu connu de l'Anonyme que ſa perſonne ; car il ne ſe ſeroit pas
permis de l'attaquer avec tant d'effronterie.

On offre de prouver par des lettres des Adminiſtrateurs, des Commandans, que M. Raymond a
toujours été conſidéré dans ſon pays.

Qu'importe d'où il a tiré les faits conſignés
dans ſes mémoires ? ce ſont des faits que ne dé-
truiront ni les aſſertions haſardées, ni les plaiſan-
teries manquées de l'Anonyme.

(*Page* 8.) Ici l'Anonyme ne pouvant répondre, dit que le ſervice de piquet n'a pas lieu dans
toutes les Colonies, mais il a lieu à St.-Domin-
gue, & il eſt ſi dur, que M. de Bellecombe l'a-
voit détruit, & après lui il a recommencé. Puis
M. de la Luzerne l'a détruit encore, & on l'a
encore rétabli. Qu'on interroge ces deux Adminiſtrateurs : le premier eſt à Montauban, le ſe-
ſecond eſt Miniſtre de la Marine.

On fait le ſervice du piquet & celui des milices. Il n'y a point de change ; car le même homme
qui a fait le piquet pendant huit jours, eſt obligé
le lendemain de paſſer la revue, ſans quoi en
priſon.

L'Anonyme dit que ce ſervice n'arrive que tous
les 15 mois. On prouvera par des ordres donnés,
qu'il arrive, pour le même individu, toutes les

fept femaines. Ici l'Obfervateur, preffé par la vérité, confeffe que c'eft un abus ; en voilà donc
un de bon compte, parmi cent mille autres.

— (*Page* 9.) Les hommes de couleur qui ré-
clament, n'ont point tous des parens efclaves. Il ne
faudroit pas exclure de certaines profeffions ceux
qui font exempts du doute , & , en général, ne
pas fuppofer à l'efpece humaine la perverfité gra-
tuite de l'Anonyme.

(*Page* 10.) M. l'Abbé Grégoire ne prétend
pas deviner des faits qui fe paffent à deux mille
lieues de lui ; mais ces faits font prouvés au mi-
niftere & à la Nation. Que l'Anonyme auroit beau
jeu , fi les Plaignans en avoient impofé au minif-
tere ! Il s'en tire par des menfonges & des gam-
bades ; mais il eft un peu lourd dans fa chûte.

Par exemple , quand il dit que les bâtards ne
doivent pas prendre des noms européens. Un nom
de famille à une origine , & cette origine a différentes caufes ; fans quoi nous nous appellerions
tous *Adam* , comme venant de lui. Mais un Eu-
ropéen a un enfant avec une Africaine ; l'individu
qui en vient peut prendre le nom qu'il voudra ,
pourvu qu'en prenant ce nom il ne faffe tort à
perfonne. Peut-on le forcer de prendre un nom
d'un idiôme plutôt que d'un autre , quand il feroit dix mille fois bâtard ? c'eft toujours une vio-

lence de plus. On dira que cette loi n'a été faite que pour Saint-Domingue ; mais en a-t-on moins raison de s'en plaindre ?

(*Page* 11.) L'Obfervateur s'affimile aux colons américains ; l'eft-il ou ne l'eft-il pas ? c'eft ce que nous pourrons vérifier aifément , lorfqu'il nous aura dit fon nom. Toujours eft-il vrai qu'il ne doit point contefter la qualité de colons américains à ceux qui ont des poffeffions en Amérique. Si les fiennes n'étoient, par exemple, que fur les brouil-lards de la Seine ou de la Loire , de quel droit fe donneroit-il la qualité d'habitant des Colonies où ce mot fignifie propriétaire ?

En un mot , pour confondre l'Anonyme fur beaucoup de faits où il mêle artificieufement les autres colonies , il fuffit de lui dire, s'il ne le fait pas , ou de dire au Public, s'il feint de l'ignorer , que les reproches des gens de couleur roulent principalement fur l'ifle de Saint-Domingue , & que fi les mêmes abus exiftent ailleurs , ces points de l'Amérique ne font prefque rien en comparai-fon de cette vafte Colonie ; mais les intérêts de l'humanité font par-tout les mêmes.

Les menfonges de l'Anonyme viennent au fe-cours de fa maniere de raifonner , quand il eft trop évident que celle-ci ne vaut rien. Ainfi il at-tribue , *page* 13 de fes Obfervations , à l'amour-propre des gens de couleur eux-mêmes, la qualité de métif ou de métive, & autres, données sur les regiſtres de Baptême, tandis qu'il eſt prouvé que c'eſt un ſujet de vexation pour beaucoup de gens de couleur, qui, à cauſe du préjugé, répugnent à laiſſer ainſi épiloguer ſur leur origine.

Quant à la défenſe faite aux mulâtres de manger avec les blancs, elle eſt vraie. Les Mémoires qui en parlent ont été envoyés aux Adminiſtrateurs de Saint-Domingue. M. le Maréchal de Caſtries en avoit prévenu M. Raymond, qui, le ſachant, n'auroit pas manqué de revenir ſur cet article, s'il étoit dans ſon caractere d'altérer jamais la vérité, & s'il avoit à cet égard, la complaiſance merveilleuſe de l'Anonyme. Ainſi M. l'Abbé Grégoire a été mieux inſtruit des faits par M. Raymond, que l'Anonyme ne l'a été par ceux qui lui ont fourni des matériaux ; & on peut donner hardiment un démenti à celui-ci ſur ſes défenſes, & ſur la maniere dont il s'y prend pour mettre M. Raymond en contradiction avec lui-même.

La défenſe d'uſer des mêmes étoffes que les blancs, défenſe faite aux gens de couleur en 1779, eſt de l'aveu même de l'Anonyme, impolitique, maladroite & inutile. Mais il ne parle pas de la dureté, des avanies & des vexations qu'elle a entraînées, il s'amuſe à inſulter ceux ou celles qui en font l'objet , fans dire un feul mot des oppreffeurs dont ils ont à fe plaindre.

Il ne laiffe paffer aucune occafion de les rappeller à l'ordre des Colonies , qui n'eft certainement pas le meilleur des ordres poffibles ; il tâche de ridiculifer à fa maniere leurs défenfeurs ; & avec un œil dont la fagacité n'eft pas bien connue, il cherche à démêler fubtilement les nuances de leur peau : mais pour la vérité , la raifon, l'humanité & la juftice , il ne s'en embarraffe point : il voudroit nous perfuader que ces chofes ne font point , en Amérique , des fruits du climat. Ses compatriotes réclameront contre : ils n'auront garde , je l'efpere , de l'avouer de fes farcafmes contre les gens de couleur , & ce caractère de la peau qui n'eft pas indélébile après tout , ne les empêchera pas de reconnoître les droits de ceux que l'Anonyme fe plaît à humilier , comme s'il avoit miffion pour cela , & qu'il entrât dans fes intérêts de combattre les réclamations légitimes de 40000 individus.

On parle de défenfes d'aller en voiture ! pag. 17. Eh ! oui, Monfieur , on en parle , parce que cela eft vrai , & vous auriez dû traiter un peu moins leftement une pareille défenfe. Cela ne vous femble rien , à vous qui avez pris votre parti là-deffus comme fur beaucoup d'autres chofes ; mais

ceux que l'on vexe ne font pas de fi bonne compofition. Vous avez beau dire que ces chofes
n'ont trait qu'à Saint-Domingue ; je vous le répete , Saint-Domingue eft prefque tout , vu fa
population & fon étendue ; c'eft-là que les outrages font plus multipliés & mieux fentis : comment
faites-vous pour ne vouloir pas comprendre cela?

*Les gens de couleur libres , dit-on , ne peuvent
venir en France.* pag. 18. Il en convient , l'Anonyme ; mais il prétend que cela leur eft interdit
par des loix faites en France. Qui les a follicitées , ces loix ? font-ce des Picards , des Normands ou des Lorrains ? Eft-ce nous qui gênons
la liberté des gens de couleur, nous François, qui
fentons parfaitement la juftice de leurs plaintes ?
Les blancs qui demandent ces défenfes ne font
point François à notre maniere , cela fe fent ; ils
font injuftes envers ces hommes dont l'Anonyme
met la liberté en caractere italique , comme fi
elle étoit d'une efpece particuliere. En vérité , les
moyens de l'Anonyme font bien petits , & fes
raifonnemens fur les faits , d'une étrange nature.
Eft-il embarraffé ? il a à fa main des *fi* de doute;
fi le fait eft vrai , *fi , fi.* Eft-ce ainfi que l'on fatisfait des gens raifonnables ? A qui croit-on en
impofer par des défaites auffi puériles?

L'exclufion des charges & emplois publics eft

plus certaine & mieux obſervée. pag. 18. L'Ano‑
nyme trouve ici la ſublimité de la ſageſſe & de la
morale coloniale. Pour juſtifier l'excluſion , il
prend le dernier terme de l'eſclavage , & le pre‑
mier degré de la liberté ; mais il ne réfléchit pas
qu'il eſt des gens de couleur libres depuis pluſieurs
générations , propriétaires , riches , bien élevés ,
qui ont des mœurs , & des mœurs plus diſtin‑
guées ſans doute que ceux qui les calomnient par
leurs mémoires. Ceux‑là , peut‑être , n'abaiſſeroient
point les charges juſqu'au niveau de ces ames vé‑
nales , qui ne parlent de liberté que pour ſe ven‑
dre , & de ſervitude que pour opprimer des gens
honnêtes. En vain pour appuyer des principes
faux & étrangers à nos mœurs , on veut confon‑
dre tous ces affranchis ſous la même dénomina‑
tion ; c'eſt reproduire le déſordre des diſtinctions
féodales. Il ſemble que ce droit affreux , détruit
par l'Aſſemblée Nationale , ſe cantonne en Amé‑
rique , pour venir de nouveau affliger la France.
Car ſi on écoute les ennemis des gens de couleur ,
ils argueront bientôt des déciſions qu'on aura don‑
nées en faveur de leur ſyſtême anti‑ſocial , pour
rétablir auſſi en France différentes claſſes de li‑
berté , & différentes ſortes de droits.

L'Anonyme part toujours du préjugé pour fon‑

der la justice de ses raisons, comme les commen-
tateurs de mauvais ouvrages s'escriment à tout
propos pour excuser ou justifier les sottises du
texte. Il appelle le préjugé de la couleur, le ressort
caché de toute la machine coloniale. Mais de
bonne-foi, à qui fera-t-il croire que cette machine
ne puisse subsister que par des injustices nées de la
fantaisie & des caprices des individus à qui leur
vanité persuade que ceux qui sont libres ne le sont
pas, & doivent toujours être traités comme des
espèces d'esclaves ? Voilà sur quoi il faudroit frap-
per, pour abolir l'infamie d'un tel préjugé véritablement contraire à la prospérité des Colonies,
quoiqu'en disent nos Adversaires.

Il échappe de tems en tems des aveux à l'Anonyme. Vaincu par la force de la vérité, il se laisse
aller, mais d'un air à faire penser que cela lui
coûte. Quelques mensonges par-ci par-là, salissent
toujours ses aveux. Il nous dit qu'en 1768, les
gens de couleur voulurent tous sortir des compa-
gnies de milices où ils n'étoient pas les premiers.
Voilà comme effrontément on dénature les faits.
Oui, ils voulurent en sortir, parce qu'on leur
ôtoit leurs commissions d'officiers, & même pour
avoir épousé des femmes de couleur ; s'ils étoient
nobles, on leur défendoit de faire enregistrer leurs

titres. A beau mentir qui vient de loin ; cela ne détruit pas la vérité, quand d'honnêtes gens s'offrent d'en produire la preuve.

L'Anonyme, *page 25*, ne se montre pas trop indulgent envers les blancs, qu'il fait servir de prête-noms à ceux dont ils légitiment les enfans par des mariages intéressés. Il se sert de cette raison pour flétrir les mariages avec les filles de couleur, ce qui est une atrocité révoltante. L'Anonyme a beaucoup de goût pour ces sortes d'arrangemens qui n'engagent pas à grand'chose, & il en fait sa cour à ses chers compatriotes. Ce ne sont pas-là des mœurs pures, il faut en convenir, & ce n'étoit pas la peine de revenir si souvent là-dessus, comme si l'on eût douté des principes de l'Anonyme. On m'a dit que les femmes blanches des colonies ne lui sauroient pas beaucoup de gré de son extrême facilité à cet égard ; elles sont jalouses, & il paroît que notre homme leur donnera souvent le sujet de l'être encore davantage, si l'on met à profit ses savantes leçons. Que voulez-vous ? Les uns vantent le mariage, & ceux-là sont du bon vieux tems ; les autres approuvent des liens plus faciles, & ceux-ci ont leurs partisans ; mais ce n'est point avec leur doctrine que l'on peut fonder ou affermir des empires.

(*Page 26.*) L'Anonyme approuve très-fort que

la race des noirs foit livrée au mépris. Nous attendons qu'il nous donne les raifons *impérieufes* de ce fyftême benin. Ne nous fâchons pas contre un homme affez abfurde pour avancer un tel paradoxe, au mois de Décembre de l'année 1789. Il faut qu'il foit bien étranger à la révolution, qu'il n'ait rien vû ni rien lû de ce qui s'eft paffé fous nos yeux, & qu'il ne connoiffe du droit public françois que l'abus des ufages de l'Amérique. Fera-t-il fortune avec fa doctrine? C'eft ce qu'on ne fait pas. Il eft des aventuriers qui tâtent par-tout le terrein, & qui après avoir éprouvé la mobilité d'un fol libre, effayent s'ils pourront appuyer le pied dans le pays de l'efclavage. Mais voilà de bon compte 40,000 ennemis qu'ils fe font en attendant, & qui font de la race des noirs profcrite par l'Auteur. La belle recommandation pour profpérer dans un pays! Il vaudroit mieux comme Sofie, quand on en a les fentimens, fe dire ami de tout le monde.

L'Anonyme qui admet l'influence des femmes de toutes les couleurs, ne devroit il pas fentir qu'il eft des vertus dans toutes les claffes, & qu'un mépris accordé généralement à une efpèce d'hommes, peut bien diminuer le nombre des gens vertueux, mais non les détruire tout-à-fait? C'eft bien lui qui complote, avec fes principes, contre l'Amérique. Il y anéantit la vertu par le mépris dont il eſt ſi libéral, ſi prodigue même, envers les Africains & leur race. Que deviendroient les blancs, ſi les noirs agiſſoient en conféquence du mépris auquel l'Auteur les abandonne ? Heureuſement pour nos Colonies, il eſt des vertus dans cette claſſe, & même de très-diſtinguées. Qu'il oſe nous démentir !

' Que veut dire l'inſolent Anonyme (*page 26*) par les mots de fanatique-révolutionnaire appliqués à M. Grégoire ? Eſt-ce qu'il prétend donner du ridicule à l'heureuſe révolution qui a délivré la France du joug de tant d'ariſtocraties combinées pour nous tenir dans les fers ? Le deſpotiſme a ſes hypocrites, auxquels j'oppoſerai les fanatiques du bien, & certainement la victoire ne reſtera pas aux premiers. Mais ces fanatiques ne tuent ni ne veulent tuer perſonne, que les préjugés & les mauvaiſes raiſons. Garre à l'Anonyme ! Il eſt fort menacé de ce double genre de mort. Il s'eſt gratté la tête pour trouver ce vers ſi peu connu ; *eh quoi ! ... d'un Prêtre eſt-ce là le langage ?* Il l'applique à M. Grégoire ; il lui demande s'il y reconnoît un Repréſentant de la Nation. Pauvre Anonyme ! Quelles viſions vous vous mettez dans la tête ? pour reprocher de pareils deſſeins à quelqu'un, il faudroit en avoir la preuve ; & certainement, ni la morale, ni les mœurs, ni les écrits de M. Grégoire ne feront rien soupçonner de semblable à personne, pas même à l'Anonyme. Sa bonhommie se fera sans doute indignée intérieurement lorsqu'elle aura vû sa lourde plume laisser tomber sur le papier une si grosse injure.

(*Page* 28.) Toujours l'Anonyme est en défaut; toujours il controuve les faits, toujours il veut des distinctions humiliantes. Cela lui fait plaisir; il croit qu'il y va de sa dignité d'habitant des Colonies, & il se rengorge, en pensant que la Nature s'est épuisée en Afrique & aux Antilles, pour lui donner un si grand nombre d'inférieurs. Que fais-je même si, à force de s'échauffer la tête, il ne les regardera pas comme ses sujets ? Il dira : c'est moi qui les ai fait rentrer dans leur devoir, qui ai pulvérisé leurs raisons, anéanti leurs prétentions. Lisez mon Mémoire. Quelles fines ironies! comme je mene le nommé Raymond & le Curé d'Embermenil ! Ce sont soixante-huit pages d'or; cela vaut tout ce qu'on a écrit sur cette matière. Messieurs les Propriétaires-planteurs, cottisez-vous pour me donner une belle habitation : justifiez le titre que j'ai pris à la tête de mes savantes observations; sans moi vous perdriez vos prérogatives : vous aviez des égaux, & vous ne devez point en avoir; mais ne me con-

testez

tếftez pas de vous être fupérieur ; fi vous en dou‑
tez , lifez ma brochure.

Continuons de le fuivre , toujours avec la preuve
de fes infidélités & de fes menfonges. Il veut
nier les attentats contre la majefté des mœurs ,
& il regarde ce mot de *majefté* donné par lui aux
mœurs , comme une excellente plaifanterie. Oui ,
nous adoptons l'expreffion. C'eft la majefté des
mœurs qui fait celle des Empires : des miférables
fe permettent de les infulter , & le mépris public
ne les punit pas ! Mais les mœurs font-elles moins
refpectables en Amérique qu'en Europe ? Eft-il
de l'effence de ce pays-là que chaque habitation
foit un ferrail , & qu'on veuille faire de toutes
les femmes de couleur , les maîtreffes de Mef‑
fieurs les Blancs ? En favorifant ce libertinage ,
que gagne-t-on ? la corruption , l'opprobre , la def‑
truction de la Colonie , & rien de plus.

(*Page* 31.) On eft un peu furpris d'entendre dire à
l'Anonyme qu'il y a à St.-Domingue une tendance
générale à la douceur & à la modération , lorfque
l'on tient à la main toutes les ordonnances fai‑
tes depuis 1768, contre lefquelles on réclame.
Faut-il nommer les Blancs qui fe font permis de
commettre des atrocités? on les nomera. Ont-ils été
punis ? non , ils éludent tout. Mais que la
Nation prenne fous fa fauve-garde celui qui prou‑

vera des traits odieux reſtés impunis, & l'on verra éclore des infamies bien révoltantes. Vous me direz, cela ne regarde que des particuliers : & où en ſerions-nous, bon Dieu ! ſi tout le monde en uſoit de même ! Nous voulons ſeulement prouver qu'un mauvais régime engendre de mauvais exemples ; détruiſez ce régime vicieux, & les exemples ne ſubſiſteront plus ; aſſurez les droits de ceux qui ſont libres, ils vous béniront, & vous n'aurez plus beſoin de faire mentir des Anonymes. Ceux qui s'élévent contre vous, prendront alors la plume, non pour confondre des menſonges, mais pour célébrer des vertus.

L'Edit de 1784 vouloit qu'on traitât les eſclaves plus humainement : l'avarice & l'orgueil de beaucoup de Blancs ne le vouloit pas : de-là une multitude de réclamations, dont le Miniſtre fut étourdi & indigné. Tout ce que l'Anonyme dit à ce ſujet, eſt obſcur, inſignifiant, faux, cruel, & ne détruit aucun fait. Sa maniere favorite eſt de nier ; la nôtre de fournir des preuves. Nous les avons, ces preuves ; le Miniſtre les a ; l'Aſſemblée Nationale les connoît, & peut-être qu'elles feront bientôt miſes ſous les yeux de toute la France.

(*Page* 37.) Il eſt plaiſant que l'habitant obſervateur reproche aux gens de couleur un génie turbulent. Ils font connus pour être les plus paifibles des hommes , & le courage dont ils ont donné des preuves en tant de rencontres , n'eft rien moins qu'incompatible avec la douceur de leurs mœurs. Le génie turbulent eft celui qui s'expatrie par cupidité, qui tente toutes les routes de l'ambition , qui aujourd'hui s'irrite comme un tigre , & demain fe gliffera comme un ferpent , qui , bouffi d'orgueil & de prétentions, ne doute de rien pour chercher d'arriver à tout, & fouvent n'arrive à rien. Que d'aventuriers nos colons américains n'ont-ils pas vu de ce genre, venir mendier des fecours dans leurs habitations , & les payer enfuite de la plus noire ingratitude ! Eux turbulens ! Eux , laborieux cultivateurs d'une terre , où tout invite à une paix qui n'eft troublée que par les vices de l'Europe ! Eux confpirateurs , & toujours opprimés ! Ceux qui les défendent , font donc auffi des confpirateurs ! Il eft des gens qui voudroient le faire croire ; mais cela ne prend pas plus que l'Ecrit de l'Anonyme.

(*Page* 34.) Ici l'Auteur invoque le 18ᵉ fiecle contre M. Grégoire , & il oublie lui-même que fes préjugés le reculent vers le milieu du 15ᵉ , où commença la traite des Nègres, dont il fait poliment & vertueufement honneur à l'illuftre las Cafas , connu par des qualités bien différentes de celles d'un Capitaine Négrier. Il met en doute si le préjugé de couleur eft plus foible dans l'Inde ; il affure bien que non, tant il a de facilité à nier des faits fans en apporter les preuves ! qu'il nie toujours.

Pourfuivons, ou plutôt finiffons ; car rien de plus dégoûtant que de répondre à l'Anonyme. Les faits atteftés par le témoignage de M. Grégoire, dans fon Mémoire en faveur des gens de couleur, reftent dans toute leur force. Les raifons de l'Adverfaire font pitié, quand elles n'excitent point l'indignation. On voit bien quel eft fon but, c'eft d'empêcher que les gens de couleur ne foient affimilés aux blancs, & qu'ils n'ayent des Repréfentans à l'Affemblée Nationale. Ce font-là les conclufions d'un avocat d'une très-mauvaife caufe, qu'on ne peut plaider fans choquer les principes de la raifon, de la juftice, & même de l'honnêteté. Nous en avons affez donné de preuves, ce me femble. Quant aux railleries de l'Auteur, elles feroient bonnes, que les honnêtes gens auroient peine à les goûter dans ce moment-ci. On ne fait pas rire aujourd'hui des François aux dépens de l'humanité : elle eft là, qui étouffe fes larmes ou qui les effuie, & cela déconcerte un peu les mauvais plaifans. Rions, à la bonne heure, quand nous ferons fortis de nos abus & de tant de prétentions miférables dont nos freres fupportent le poids : jufques = là, je commanderai le férieux, même à ceux qui ont le plus befoin de fe divertir, & je leur ferai toujours un crime de chercher à provoquer le rire des méchans au fujet des malheureux. Il fut un tems où l'on rioit de tout ; ce tems eft paffé, je l'efpere. Pour vous, infortunés Américains, vous armerez par vos plaintes l'indignation de la vertu contre vos ennemis ; & le plus grand fupplice que je fouhaite à celui qui a lancé contre vous ce lâche pamphlet, c'eft de fortir de l'embufcade de l'anonyme, & de fe faire connoître.